새 교과서 완벽 반영 바르고 예쁜 글씨

글씨체 바로잡기와 받아쓰기

글씨쓰기의 기초 5

도서출판 학은미디어

지도하시는 분(학부모, 교사)께

저학년의 한글 읽기와 쓰기는 전 교과 학습의 기초가 됩니다. 특히 글씨 쓰기는 두뇌 발달과 집중력 향상, 고운 심성을 기르는 데 아주 좋습니다.

글씨를 잘 쓰면 칭찬을 받아 학습 동기가 유발되고, 모든 일에 자신감을 갖게 되며, 다른 학습에도 전이 효과가 매우 큽니다.

연필 잡는 방법과 앉아 쓰는 자세는 글씨 쓰기에 큰 영향을 미치고, 신체 발육과 건강에도 관계됩니다. (국어 **1-1가** 참조, 지속적으로 지도해 주십시오.)

글씨를 잘 쓴다는 것은 바르고 예쁜 글자의 모양〔字形〕을 이룬다는 것이므로, 자형에 관심을 갖고 인식하도록 지도하는 것이 중요합니다.

한글 자형의 구조를 관찰하여 인식하도록 도와줍시다.
- 같은 낱자라도 자리잡는 위치와 어떤 낱자를 만나느냐에 따라 모양이 달라지기 때문에 획의 방향, 길이, 간격 등을 잘 관찰하면서 쓰도록 하면 효과가 큽니다.
- 모범자를 보고 쓴 자기 글씨를 비교 · 관찰하면서, 잘된 부분과 그렇지 않은 부분을 찾아보게 하면 바른 자형의 조건을 인식하는 데 도움이 됩니다.

4등분된 네모 칸에 중심을 잡아 글자를 배치하는 것이 어린이들에겐 쉽지 않기 때문에 글자의 시작 지점〔始筆點〕 선정을 잘하도록 도와줍시다.

이 책은 국어 1~2학년군 ❷-1가 / 나, 국어활동 ❷-1 교과서를 바탕으로 국어 학습의 기초를 다지고, 바르고 예쁜 글씨체를 익히도록 엮었습니다.

하루에 너무 많은 분량을 쓰게 하면 글씨 쓰기에 흥미를 잃을 수 있습니다.

막연한 칭찬보다는 구체적으로 지적하며 칭찬해 주는 것이 효과적입니다.

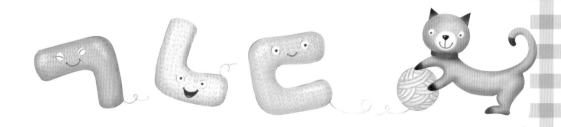

이 책의 구성과 활용 방법

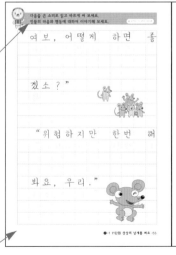

바르고 고운 손글씨로 정통 글씨체를 체계적으로 충실히 익혀요.

〈국어〉〈국어 활동〉 책의 내용이 골고루 담겨 있어, 국어 실력이 쑥쑥 자라나요.

넉넉한 모눈 칸에 편안한 마음으로 즐겁게 쓰기 연습을 해요.

흐린 글씨를 따라 쓰고 빈칸에 여러 번 쓰면서 충실한 쓰기 연습이 이루어져요.

알기 쉽고 간결한 도움말을 곁들여 학습 내용이 머릿속에 쏙쏙 들어와요.

생생한 실물 사진과 재미있는 그림으로 학습 효과를 높이고 보는 즐거움을 더했어요.

교과서 과목과 쪽수를 밝혀 예습, 복습에 편리해요. 특히 받아쓰기 연습에 안성맞춤이지요.

어린이가 꼭 알고 주의해야 할 사항을 지시문에 담았어요.

초등학교 2학년 수준에 맞는 영어 단어도 곁들여 더욱 재미있어요. (영어 발음은 참고용으로, 국제 음성 기호에 최대한 가까운 우리말 표기를 곁들였어요.)

실제 원고지와 똑같이 꾸며, 쓰기 연습을 하면서 원고지 사용법과 문장 부호의 쓰임새를 자연스럽게 익힐 수 있어요.

빈칸에 쓴 글씨는 지우개로 지우고 다시 연습해도 좋아요.

한 민족이 고유한 언어를 가지고 있고, 그 언어를 기록할 수 있는 고유한 글자를 가지고 있다는 것은 참으로 자랑스러운 일입니다.

이 지구상에서 사용되는 언어는 수천 가지에 이릅니다. 그러나 그 언어를 담아내는 글자를 가진 민족은 그 수보다 훨씬 적습니다.

우리도 세종 대왕께서 **훈민정음**, 즉 **한글**을 창제하시기 전까지는 중국의 한자를 빌려 사용하였습니다. 하지만, 배우기 쉽고 과학적인 한글을 갖게 됨으로써 민족에 대해 긍지를 갖게 되고, 문화와 문명도 더욱 발전하였지요.

그런데 기계 문명이 발달하고 세계화가 진행되면서 우리 말과 글이 날로 훼손되고 있습니다. 외래어를 마구 사용하고, 우리 말과 글을 이상야릇하게 왜곡하여 사용하며, 영어 등 다른 나라 말을 중요하게 여기는 경향이 있지요.

물론 세계화에 발맞추어 다른 나라 언어에도 관심을 기울여야 함은 당연합니다. 그러나 그보다 먼저 우리의 뿌리인 **국어**를 정확하게 알고, 바르게 사용할 줄 알아야 합니다.

이 책을 통해 바르고 아름다운 **글씨체**를 익히고, 아울러 **국어 학습**의 기초를 단단히 다져 국어 사랑, 나라 사랑을 실천하기 바랍니다.

– 엮은이 –

'훈민정음'은 '백성을 가르치는 바른 소리'란 뜻이에요. 백성을 위하는 마음이 빚어 낸 사랑의 발명품이지요.

▲ '훈민정음'을 만들게 된 까닭, '훈민정음'에 대한 상세한 해설 등이 실린 책 〈훈민정음〉. 국보 제70호.

글씨쓰기 기초 다지기

- 자음자(ㄱ~ㅎ)의 모양을 알고 이름을 정확히 익힙니다. 아울러 자음자를 쓰는 순서에 맞게 바르고 예쁘게 충실히 써 봅니다.
- 모음자 'ㅏ, ㅑ, ㅓ, ㅕ, ㅗ, ㅛ, ㅜ, ㅠ, ㅡ, ㅣ'의 발음과 모양, 이름을 정확히 익히고, 쓰는 순서에 맞게 바르고 예쁘게 써 봅니다.
- 자음자와 모음자를 합해 받침 없는 글자를 만들고 바르게 써 봅니다.
- 받침 없는 글자에 자음자를 합해 받침 있는 글자를 만들고, 쓰는 순서에 맞게 바르게 써 봅니다.
- 한글의 구성 원리를 자연스럽게 깨우칩니다.

ㄱ부터 ㅅ까지 자음자의 이름을 큰 소리로 읽고,
자음자를 순서에 맞게 바르게 써 보세요.

✽ 국어, 국어활동2-1 전권

기역	니은	디귿	리을	미음	비읍	시옷
ㄱ	ㄴ	ㄷ	ㄹ	ㅁ	ㅂ	ㅅ
ㄱ	ㄴ	ㄷ	ㄹ	ㅁ	ㅂ	ㅅ
ㄱ	ㄴ	ㄷ	ㄹ	ㅁ	ㅂ	ㅅ
ㄱ	ㄴ	ㄷ	ㄹ	ㅁ	ㅂ	ㅅ
ㄱ	ㄴ	ㄷ	ㄹ	ㅁ	ㅂ	ㅅ

자음자(ㄱ~ㅅ)의 이름을 쓰는 순서에 맞게 바르게 쓰고,
소리 내어 읽으며 정확히 익히세요.

✽ 국어, 국어활동2-1 전권

ㄱ	기역	기역	기역	기역	기역

ㄴ	니은	니은	니은	니은	니은

ㄷ	디귿	디귿	디귿	디귿	디귿

ㄹ	리을	리을	리을	리을	리을

ㅁ	미음	미음	미음	미음	미음

ㅂ	비읍	비읍	비읍	비읍	비읍

ㅅ	시옷	시옷	시옷	시옷	시옷

✽특히 받침을 잘 살펴보세요. 각 자음자가 그대로 쓰입니다.

이응	지읒	치읓	키읔	티읕	피읖	히읗
ㅇ	ㅈ	ㅊ	ㅋ	ㅌ	ㅍ	ㅎ
ㅇ	ㅈ	ㅊ	ㅋ	ㅌ	ㅍ	ㅎ
ㅇ	ㅈ	ㅊ	ㅋ	ㅌ	ㅍ	ㅎ
ㅇ	ㅈ	ㅊ	ㅋ	ㅌ	ㅍ	ㅎ
ㅇ	ㅈ	ㅊ	ㅋ	ㅌ	ㅍ	ㅎ

자음자(ㅇ~ㅎ)의 이름을 쓰는 순서에 맞게 바르게 쓰고,
소리 내어 읽으며 정확히 익히세요.

✻ 국어, 국어활동2-1 전권

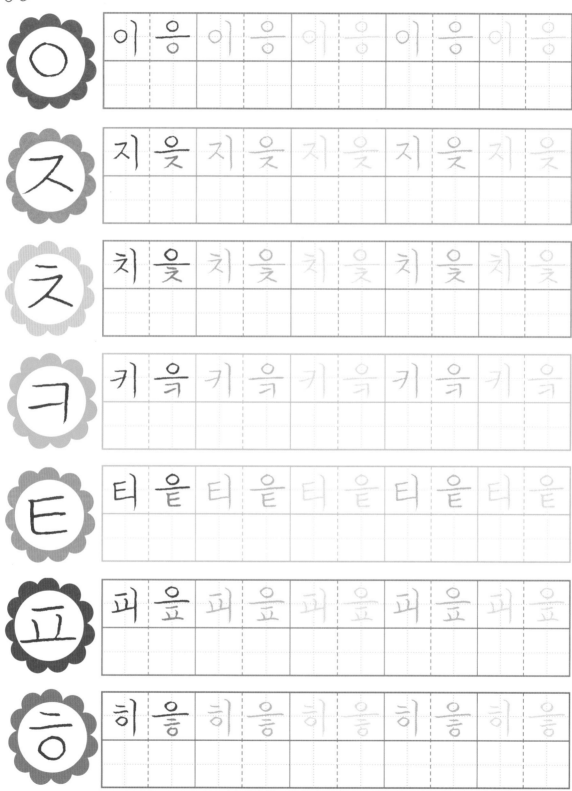

ㅇ 이응 이응 이응 이응 이응

ㅈ 지읒 지읒 지읒 지읒 지읒

ㅊ 치읓 치읓 치읓 치읓 치읓

ㅋ 키읔 키읔 키읔 키읔 키읔

ㅌ 티읕 티읕 티읕 티읕 티읕

ㅍ 피읖 피읖 피읖 피읖 피읖

ㅎ 히읗 히읗 히읗 히읗 히읗

모음자 ㅏ, ㅑ, ㅓ, ㅕ, ㅗ, ㅛ, ㅜ를 순서에 맞게 바르게 써 보세요.
각 모음자의 이름을 큰 소리로 읽어 보세요.

✱ 국어활동2-1 98~101쪽

아	야	어	여	오	요	우
ㅏ	ㅑ	ㅓ	ㅕ	ㅗ	ㅛ	ㅜ
ㅏ	ㅑ	ㅓ	ㅕ	ㅗ	ㅛ	ㅜ
ㅏ	ㅑ	ㅓ	ㅕ	ㅗ	ㅛ	ㅜ
ㅏ	ㅑ	ㅓ	ㅕ	ㅗ	ㅛ	ㅜ
ㅏ	ㅑ	ㅓ	ㅕ	ㅗ	ㅛ	ㅜ

모음자 ㅠ, ㅡ, ㅣ, ㅑ, ㅕ, ㅛ, ㅠ를 순서에 맞게 바르게 써 보세요.
각 모음자의 이름을 큰 소리로 읽어 보세요.

✻ 국어활동2-1 98~103쪽

유	으	이	야	여	요	유
ㅠ	ㅡ	ㅣ	ㅑ	ㅕ	ㅛ	ㅠ
ㅠ	ㅡ	ㅣ	ㅑ	ㅕ	ㅛ	ㅠ
ㅠ	ㅡ	ㅣ	ㅑ	ㅕ	ㅛ	ㅠ
ㅠ	ㅡ	ㅣ	ㅑ	ㅕ	ㅛ	ㅠ
ㅠ	ㅡ	ㅣ	ㅑ	ㅕ	ㅛ	ㅠ

자음자와 모음자를 합하여 글자를 만들고 바르게 글씨를 써 보세요.
완성한 글자를 큰 소리로 읽어 보세요.

✽ 국어활동2-1 98~101쪽

모음자 / 자음자	ㅏ	ㅑ	ㅓ	ㅕ	ㅗ	ㅛ	ㅜ	ㅠ
ㄱ	가	갸	거	겨	고	교	구	규
ㄴ	나	냐	너	녀	노	뇨	누	뉴
ㄷ	다	댜	더	뎌	도	됴	두	듀
ㄹ	라	랴	러	려	로	료	루	류
ㅁ	마	먀	머	며	모	묘	무	뮤

자음자와 모음자를 합하여 글자를 만들고 바르게 글씨를 써 보세요.
완성한 글자를 큰 소리로 읽어 보세요.

✿ 국어활동2-1 98~101쪽

모음자 / 자음자	ㅏ	ㅑ	ㅓ	ㅕ	ㅗ	ㅛ	ㅜ	ㅠ
ㅂ	바	뱌	버	벼	보	뵤	부	뷰
ㅅ	사	샤	서	셔	소	쇼	수	슈
ㅇ	아	야	어	여	오	요	우	유
ㅈ	자	쟈	저	져	조	죠	주	쥬
ㅊ	차	챠	처	쳐	초	쵸	추	츄

자음자와 모음자를 합하여 글자를 만들고 바르게 글씨를 써 보세요.
완성한 글자를 큰 소리로 읽어 보세요.

❋ 국어활동2-1 98~101쪽

모음자 / 자음자	ㅏ	ㅑ	ㅓ	ㅕ	ㅗ	ㅛ	ㅜ	ㅠ
ㅋ	카	캬	커	켜	코	쿄	쿠	큐
ㅌ	타	탸	터	텨	토	툐	투	튜
ㅍ	파	퍄	퍼	펴	포	표	푸	퓨
ㅎ	하	햐	허	혀	호	효	후	휴

자음자와 모음자를 합하여 글자를 만들어 빈칸에 써 보세요.
완성한 글자를 큰 소리로 읽어 보세요.

✱ 국어활동2-1 98~103쪽

모음자 자음자	ㅏ	ㅑ	ㅓ	ㅕ	ㅗ	ㅛ	ㅜ	ㅠ	ㅡ	ㅣ
ㄱ										
ㄴ										
ㄷ										
ㄹ										
ㅁ										
ㅂ										
ㅅ										
ㅇ										
ㅈ										
ㅊ										
ㅋ										
ㅌ										
ㅍ										
ㅎ										

받침 없는 글자에 자음자를 합하여 받침 있는 글자를 만들고,
쓰는 순서에 맞게 바르게 써 보세요.

✿ 국어, 국어활동2-1 전권

자음자 / 글 자	ㄱ	ㄴ	ㄷ	ㄹ	ㅁ	ㅂ	ㅅ	ㅇ
가	각	간	갇	갈	감	갑	갓	강
	각	간	갇	갈	감	갑	갓	강
나	낙	난	낟	날	남	납	낫	낭
	낙	난	낟	날	남	납	낫	낭
다	닥	단	닫	달	담	답	닷	당
	닥	단	닫	달	담	답	닷	당

받침 없는 글자에 자음자를 합하여 받침 있는 글자를 만들고, 쓰는 순서에 맞게 바르게 써 보세요.

✽ 국어, 국어활동2-1 전권

자음자 / 글 자	ㅈ	ㅊ	ㅌ	ㅍ	ㅎ	ㅂ	ㅊ	ㅎ
가	갖	갗	같	갚	갛	갑	갖	갛
	갖	갗	같		갛	갑	갖	갛
나	낮	낯	낱		낳	납	낮	낳
	낮	낯	낱		낳	납	낮	낳
다	닺	닻			닿	답	닺	닿
	닺	닻			닿	답	닺	닿

다음을 바르게 써 보세요.
그리고 지은이의 마음을 상상하며 시를 읽어 보세요.

✽ 국어2-1가 6~7쪽

우 리   아 기 는

아 래   발 치 에 서   코 올 코 올

고 양 이 는

부 뚜 막 에 서   가 릉 가 릉

아기 바람이

나뭇가지에서 소올소올

아저씨 해님이   하늘

한가운데서 째앵째앵.

걸음	발짝	풀밭	울부짖고
걸음	발짝	풀밭	울부짖고

풀꽃	생쥐처럼	양말	치과
풀꽃	생쥐처럼	양말	치과

가슴	동생	반응	콧구멍
가슴	동생	반응	콧구멍

1단원에 나오는 다음 낱말을 바르게 써 보세요.
그리고 큰 소리로 읽고 받침을 잘 살펴보세요.

✻ 국어, 국어활동 2-1 1단원

강	아	지	풀
강	아	지	풀

발	끝
발	끝

치	맛	자	락
치	맛	자	락

장	독
장	독

대	문
대	문

골	목
골	목

비	숫	하	다
비	숫	하	다

머	리	카	락
머	리	카	락

장	면
장	면

나	뭇	가	지
나	뭇	가	지

딱지 따먹기 할 때

내 것을 치려고 할 때

가슴이 조마조마한다.

내가 넘어가는 것 같다.

“다시 노나 봐라.”

“왜 안 부르지?”

풀꽃에게 미안해

점점 입이 다물어진다

꼭꼭 숨어라 머리카락

보일라 웃자락이 보일라

앉아서도 보이고 서서

도 보인다 꼭꼭 숨어라

'숨바꼭질하며'를 실감 나게 소리 내어 읽고,
다음을 바르게 써 보세요.

✻ 국어활동2-1 7~8쪽

꼭꼭 숨어라 장독 뒤

에 숨어라 대문 뒤에

숨어라

요 숨었다 찾았다

조	마	조	마
조	마	조	마

더	듬	더	듬
더	듬	더	듬

씽	씽
씽	씽

꾸	벅	꾸	벅
꾸	벅	꾸	벅

화	끈	화	끈
화	끈	화	끈

쌩	쌩
쌩	쌩

살	금	살	금
살	금	살	금

조	심	조	심
조	심	조	심

다음을 바르게 쓰고 또박또박 읽어 보세요.
교과서에서 소리나 모습을 흉내 낸 말을 더 찾아보세요.

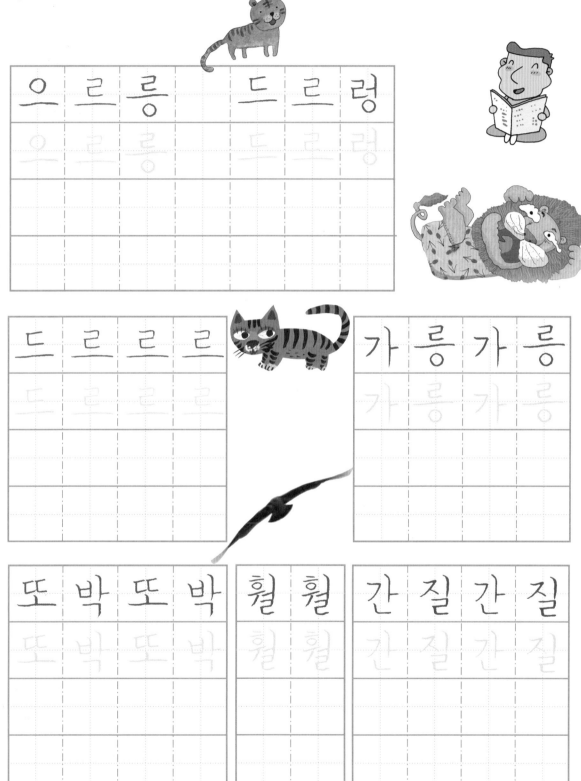

오	르	릉		드	르	렁

드	르	르	르		가	릉	가	릉

또	박	또	박		훨	훨		간	질	간	질

온몸이 화끈화끈.

온몸이 화끈화끈.

눈사람처럼 새하얘졌어요.

눈사람처럼 새하얘졌어요.

왜 입이 안 떨어지지?

왜 입이 안 떨어지지?

눈앞이 캄캄했어요.

눈앞이 캄캄했어요.

목소리를 크게 해 또

목소리를 크게 해 또

박또박 말했다.

박또박 말했다.

> 큰 목소리로
> 또박또박
> 분명하게!

듣는 사람을 바라보며

듣는 사람을 바라보며

바른 자세로 말했다.

바른 자세로 말했다.

다음을 바르게 쓰고 큰 소리로 읽어 보세요.
여러분도 자기소개를 해 보세요.

✱ 국어 2-1가 34~35쪽

저는 강초롱입니다.

피아노를 잘 칩니다.

친구들과 친하게 지내

고 싶습니다.

다음을 바르게 쓰고 큰 소리로 읽어 보세요.
여러분도 자기소개를 해 보세요.

✱ 국어 2-1가 34~35쪽

저는 노래 부르기를

좋아합니다.

우주선을 타고 별나라

에가 보고 싶습니다.

여러 가지 직업의 이름을 바르게 써 보세요.
여러분은 어떤 직업을 갖고 싶은지 이야기해 보세요.

✽ 국어, 국어활동 2-1 2단원

pianist [piǽnist] 피애니스트

doctor [dɑ́ktər] 닥터

policeman [pəlí:smən] 펄리이스먼

피	아	니	스	트
피	아	니	스	트
피	아	니	스	트

의	사
의	사
의	사

경	찰	관
경	찰	관
경	찰	관

farmer [fɑ́ːrmər] 파아머

driver [dráivər] 드라이버

fisherman [fíʃərmən] 피셔먼

cook [kúk] 쿡

농	부
농	부
농	부

운	전	사
운	전	사
운	전	사

어	부
어	부
어	부

요	리	사
요	리	사
요	리	사

여러 가지 직업의 이름을 바르게 써 보세요.
여러분은 어떤 직업을 갖고 싶은지 이야기해 보세요.

※ 국어, 국어활동 2-1 2단원

teacher [tí:tʃər] **티**이처   painter [péintər] **페**인터   scientist [sáiəntist] **사**이언티스트   soldier [sóuldʒər] **소**울저

선	생	님

화	가

과	학	자

군	인

nurse [nə́:rs] **너**어스   singer [síŋər] **싱**어   postman [póustmən] **포**우스트먼   miner [máinər] **마**이너

간	호	사

가	수

집	배	원

광	부

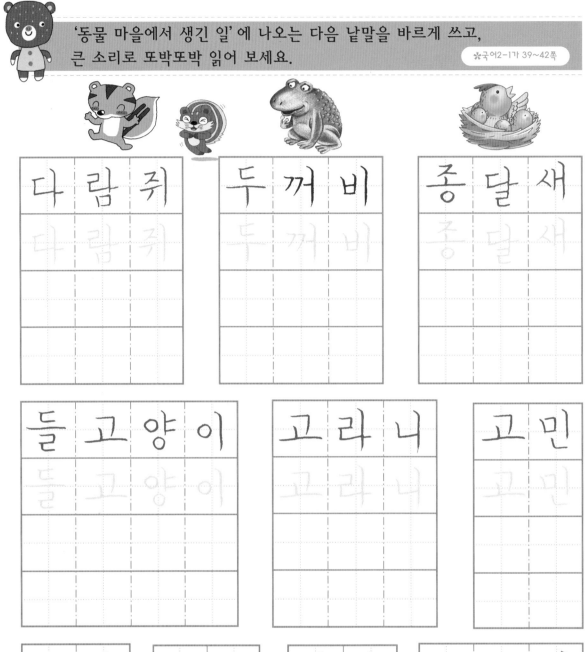

다	람	쥐
두	꺼	비
종	달	새

들	고	양	이
고	라	니
고	민

찻	길
걱	정
한	숨
눈	초	리

다음 낱말을 쓰는 순서에 맞게 바르게 쓰고,
모음자 '귀'가 쓰인 글자의 발음에 주의하며 읽어 보세요. ✽국어활동2-1가 17쪽

주	사	위

잎	사	귀

엉	겅	퀴

가	위	바	위	보

널	뛰	기

추	위

뛰	다

쉬	다

귀	여	운

위	치

여러 가지 악기에 대해 이야기해 보세요.
이름을 바르게 써 보세요.

✽ 국어, 국어활동2-1 2단원

violin [vàiəlín] 바이얼린

바 이 올 린

바 이 올 린

바 이 올 린

piano [piǽnou] 피애노우

피 아 노

피 아 노

피 아 노

xylophone [záiləfòun] 자일러포운

실 로 폰

실 로 폰

실 로 폰

clarinet [klǽrənét] 클래러넷

클 라 리 넷

클 라 리 넷

클 라 리 넷

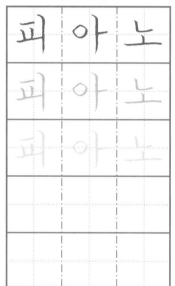

saxophone [sǽksəfòun] 색서포운

색 소 폰

색 소 폰

색 소 폰

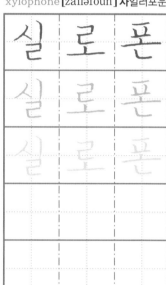

trumpet [trʌ́mpit] 트럼핏

트 럼 펫

트 럼 펫

트 럼 펫

여러 가지 악기에 대해 이야기해 보세요.
이름을 바르게 써 보세요.

✽ 국어, 국어활동2-1 2단원

drum [drʌ́m] 드럼

castanets [kæ̀stənéts] 캐스터네츠

tambourine [tæ̀mbərí:n] 탬버리인

북
북
북

캐	스	터	네	츠
캐	스	터	네	츠
캐	스	터	네	츠

탬	버	린
탬	버	린
탬	버	린

guitar [gitɑ́:r] 기타아

recorder [rikɔ́:rdər] 리코오더

triangle [tráiæŋgl] 트라이앵글

기	타
기	타
기	타

리	코	더
리	코	더
리	코	더

트	라	이	앵	글
트	라	이	앵	글
트	라	이	앵	글

❷-1 2단원 자신 있게 말해요 39

바 나 나 를　마 음 껏　먹 어

서　기 뻐 요 .　　기 뻐 요

넘 어 져 서　아 프 고　속 상

해 요 .　　아 프 고　속 상 해 요

동생이 울어서 슬퍼요.

동생이 나무에 매달려

노는 걸 도와줘서 즐거

워요.

마음을 나타내는 말을 바르게 쓰면서 살펴보세요.
영어도 익혀 보세요.

glad[ɡlǽd] 글래드

joyful[dʒɔ́ifəl] 조이펄

happy[hǽpi] 해피

기	쁘	다
기	쁘	다
기	쁘	다

즐	겁	다
즐	겁	다
즐	겁	다

행	복	하	다
행	복	하	다
행	복	하	다

fearful[fíərfəl] 피어펄

surprised[sərpráizd] 써프라이즈드

upset[ʌpsét] 업셋

무	섭	다
무	섭	다
무	섭	다

놀	라	다
놀	라	다
놀	라	다

속	상	하	다
속	상	하	다
속	상	하	다

마음을 나타내는 말을 바르게 쓰면서 살펴보세요.
영어도 익혀 보세요.

✱ 국어, 국어활동2-1 3단원

angry [ǽŋgri] 앵그리

화	나	다
화	나	다
화	나	다

sorry [sɔ́:ri] 쏘오리

미	안	하	다
미	안	하	다
미	안	하	다

hard [ha:rd] 하아드

힘	들	다
힘	들	다
힘	들	다

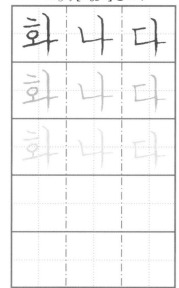

afraid [əfréid] 어프레이드

두	렵	다
두	렵	다
두	렵	다

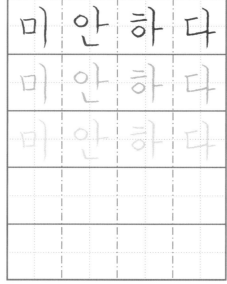

shameful [ʃéimfəl] 쉐임펄

부	끄	럽	다
부	끄	럽	다
부	끄	럽	다

sad [sǽd] 새드

슬	프	다
슬	프	다
슬	프	다

마음을 나타내는 말을 바르게 쓰면서 살펴보세요.
영어도 익혀 보세요.

sorrowful[sárəfəl] 싸러펄

envy[énvi] 엔비

wonderful[wʌ́ndərfəl] 원더펄

서	렵	다
서	렵	다
서	렵	다

부	렵	다
부	렵	다
부	렵	다

신	기	하	다
신	기	하	다
신	기	하	다

wonder[wʌ́ndər] 원더

궁	금	하	다
궁	금	하	다
궁	금	하	다

disagreeable[disəgrí(ː)əbl] 디스어그리(어)블

못	마	땅	하	다
못	마	땅	하	다
못	마	땅	하	다

마음을 나타내는 말을 바르게 쓰면서 살펴보세요.
영어도 익혀 보세요.

brimful[brimfúl] 브림풀

뿌	듯	하	다
뿌	듯	하	다
뿌	듯	하	다

annoy[ənɔ́i] 어노이

짜	증	나	다
짜	증	나	다
짜	증	나	다

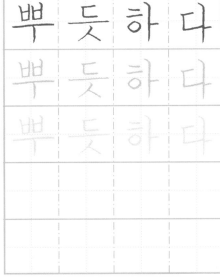

comfortable[kʌ́mfərtəbl] 컴퍼터블

편	안	하	다
편	안	하	다
편	안	하	다

hate[héit] 헤이트

밉	다
밉	다
밉	다

mild[máild] 마일드

포	근	하	다
포	근	하	다
포	근	하	다

'마음의 색깔'에 나오는 다음 글을 바르게 쓰고 읽어 보세요.
마음을 나타내는 말에 대해 이야기해 보세요.

✽ 국어활동2-1 20~31쪽

기쁜 순간에는 어떤

일들이 일어날까 ?

힘이 샘솟고, 뭐든지

할 수 있다는 생각이

들　거야. 허공을　향해

뛰어오르고　싶어지고, 박

수를　치고　싶어지기도

할　거야.

다음을 바르게 쓰고 큰 소리로 읽어 보세요.
누가 한 말인지 이야기해 보세요.

✽ 국어활동2-1 32~34쪽

스무 냥, 서른 냥

" 돈을 주운 자는 임

자가 나타나지 않으면

돈을 가지고, 돈을 잃

은 자는 서른 냥이

든 돈주머니를 주운

자가 나타날 때까지

기다리도록 해라."

방울토마토　건성　반나절

관심　공기놀이　맞장구

마음속　비밀　위로　차례

가 족 회 의

돌 림 자

제 법

만 장 일 치

삼　　형 제

긴 장

아 이 디 어

서 운 한　　마 음

다음 낱말을 바르게 쓰고 큰 소리로 읽어 보세요.
그리고 각 낱말의 뜻을 이야기해 보세요.

✳ 국어활동2-1 20~34쪽

| 짜 증 | 사 랑 | 신 남 | 기 쁨 |

| 미 움 | 포 근 함 | 즐 거 움 |

| 뉘 우 침 | 걱 정 | 억 울 함 |

다음을 바르게 쓰고 큰 소리로 읽어 보세요.
그리고 뜻이 반대인 낱말을 서로 비교하며 살펴보세요.

✱ 국어활동2-1 36~38쪽

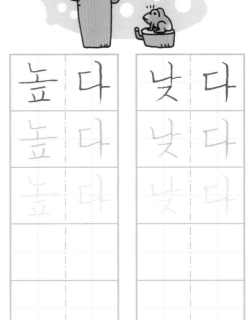

길 다	짧 다
길 다	짧 다
길 다	짧 다

높 다	낮 다
높 다	낮 다
높 다	낮 다

long[lɔ́ːŋ] 로옹   short[ʃɔ́ːrt] 쇼오트

high[hái] 하이   low[lóu] 로우

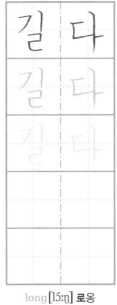

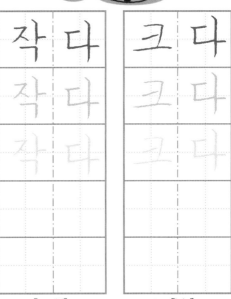

넓 다	좁 다
넓 다	좁 다
넓 다	좁 다

작 다	크 다
작 다	크 다
작 다	크 다

wide[wáid] 와이드   narrow[nǽrou] 내로우

small[smɔ́ːl] 스모올   big[bíg] 빅

높다 높다 하늘이 높다

높다 높다 나무가 높다

높다 높다 산이 높다

높다 높다 건물이 높다

첫 글자로 말 잇기 놀이를 해요.
다음을 바르게 쓰고 큰 소리로 읽어 보세요.

✱ 국어2-1가 76쪽

나무	나비	나이테	나팔꽃

나그네	나라	나물	나뭇잎

국수	국물	국어	국화	국자

국민	국기	국사	국악	국회

끝말잇기 놀이를 하며 짧은 글을 지어요.
다음 문장을 바르게 쓰고, 소리 내어 읽어 보세요.

✽ 국어, 국어활동2-1 4단원

 달팽이 → 이사

| 달 | 팽 | 이 | 가 | | 이 | 사 | 를 | | 간 | 다 | . |

 코알라 → 라면

| 코 | 알 | 라 | 가 | | 라 | 면 | 을 | | 먹 | 는 | 다 | . |

 사자 → 자전거

| 사 | 자 | 가 | | 자 | 전 | 거 | 를 | | 탄 | 다 | . |

무 지 개	→	지 우 개	→	우 체 국

개 나 리	←	육 개 장	←	체 육 복

나 그 네	→	그 림 자	→	임 금 님

시장에 가면 생선도

있고, 떡볶이도 있고, 장

미도 있고, 양말도 있고,

사과도 있고, 감도 있고,

놀이터에는 어떤 놀이 기구들이 있을까요? 다음 낱말을
바르게 쓰고, 말 덧붙이기 놀이를 해 보세요.

✱ 국어 2-1가 91쪽

slide [sláid] 슬라이드

seesaw [sí:sɔ̀:] 시이소오

swing [swíŋ] 스윙

horizontal bar
[hɔ̀:rəzántəl bá:r]
호오러잔털 바아

미	끄	럼	틀
미	끄	럼	틀
미	끄	럼	틀

시	소
시	소
시	소

그	네
그	네
그	네

철	봉
철	봉
철	봉

monkey bars [mʌ́ŋki bà:rz] 멍키 바아즈

junglegym [dʒʌ́ŋgldʒìm] 정글짐

bench [béntʃ] 벤취

구	름	사	다	리
구	름	사	다	리
구	름	사	다	리

정	글	짐
정	글	짐
정	글	짐

벤	치
벤	치
벤	치

하 나　둘　셋　넷　다 섯

여 섯　일 곱　여 덟　아 홉

열　스 물　서 른　마 흔　쉰

예 순　일 흔　여 든　아 흔

일	이	삼	사	오	육

칠	팔	구	십	이십	

삼십	사십	오십	육십

칠십	팔십	구십	백	천

모양, 색깔과 관계있는 낱말을 바르게 써 보세요.
그리고 소리 내어 읽어 보세요.

triangle[tráiæ̀ŋgl]
트라이앵글

square[skwέər] 스퀘어

circle[sə́ːrkl] 써어클

heart[háːrt] 하아트

세 모	네 모	동 그 라 미	하 트
세 모	네 모	동 그 라 미	하 트
세 모	네 모	동 그 라 미	하 트

star[stáːr]
스타아

red[réd] 레드

orange[ɔ́ːrindʒ] 오오린쥐

yellow[jélou] 옐로우

green[gríːn] 그리인

별	빨 강	주 황	노 랑	초 록
별	빨 강	주 황	노 랑	초 록
별	빨 강	주 황	노 랑	초 록

색깔과 관계있는 낱말을 바르게 써 보세요.
그리고 소리 내어 읽어 보세요.

blue[blú:] 블루우

파	랑
파	랑
파	랑

indigo
[índəgòu] 인더고우

남	색
남	색
남	색

purple[pə́:rpl] 퍼어플

보	라
보	라
보	

pink[píŋk] 핑크

분	홍
분	홍
분	홍

brown[bráun] 브라운

갈	색
갈	색
갈	색

white[hwáit] 와이트

하	양
하	양
하	양

gray[gréi] 그레이

회	색
회	색
회	색

black[blǽk] 블랙

검	정
검	정
검	정

yellowish green[jélouiʃ
grí:n] 옐로우이쉬 그리인

연	두
연	두
연	두

scarlet[ská:rlit]
스카아알릿

주	홍
주	홍
주	홍

원숭이 엉덩이는 빨개

빨가면 사과

사과는 맛있어

맛있으면 바나나

바나나는 길어

길면 기차

길면 기차

기차는 빨라

기차는 빨라

빠르면 비행기

빠르면 비행기

비행기는 높아

비행기는 높아

높으면 백두산

높으면 백두산

아름다운 토박이말을 바르게 쓰고 읽어 보세요.
각각 무슨 뜻인지도 알아보세요.

✳ 국어활동2-1가 41쪽

볼	가	심
볼	가	심
볼	가	심

마	중	물
마	중	물
마	중	물

미	리	내
미	리	내
미	리	내

으	뜸
으	뜸
으	뜸

해	거	름
해	거	름
해	거	름

마	루
마	루
마	루

미	르
미	르
미	르

아름다운 토박이말을 바르게 쓰고 읽어 보세요.
각각 무슨 뜻인지도 알아보세요.

✻ 국어활동2-1가 41쪽

아	라
아	라
아	라

여	울
여	울
여	울

여	우	별
여	우	별
여	우	별

솔	숲
솔	숲
솔	숲

바	람	꽃
바	람	꽃
바	람	꽃

누	리
누	리
누	리

나	비	잠
나	비	잠
나	비	잠

동물원에 가면 볼 수 있는 동물의 이름을 바르게 쓰고,
재미있는 말 덧붙이기 놀이를 해 보세요.

✽ 국어 2-1가 88~90쪽

butterfly
[bʌ́tərflài] 버터플라이

나	비
나	비
나	비

lion[láiən] 라이언

사	자
사	자
사	자

fox[fáks] 팍스

여	우
여	우
여	우

elephant[éləfənt] 엘러펀트

코	끼	리
코	끼	리
코	끼	리

ostrich
[ɔ́:stritʃ] 오오스트리취

타	조
타	조
타	조

rabbit[rǽbit] 래빗

토	끼
토	끼
토	끼

hippo[hípou] 히포우

하	마
하	마
하	마

tiger[táigər] 타이거

호	랑	이
호	랑	이
호	랑	이

동물원에 가면 볼 수 있는 동물의 이름을 바르게 쓰고,
재미있는 말 덧붙이기 놀이를 해 보세요.

✱ 국어 2-1가 88~90쪽

panda [pǽndə] 팬더

giraffe [dʒərǽf] 저래프

koala [kouá:lə] 코우아알러

turtle [tə́:rtl] 터어틀

판	다
판	다
판	다

기	린
기	린
기	린

코	알	라
코	알	라
코	알	라

거	북
거	북
거	북

zebra [zí:brə] 지이브러

spider [spáidər] 스파이더

leopard [lépərd] 레퍼드

crocodile
[krákədàil] 크라커다일

얼	룩	말
얼	룩	말
얼	룩	말

거	미
거	미
거	미

표	범
표	범
표	범

악	어
악	어
악	어

소리가 비슷해서 헷갈리기 쉬운 낱말을 잘 살펴보고,
바르게 쓴 다음 또박또박 읽어 보세요.

✳ 국어, 국어활동2-1 5단원

느 리 다

늘 이 다

붙 이 다

부 치 다

반 듯 이

반 드 시

걸음이 느리지요.

줄을 늘였어요.

우표를 붙이고

편지를 부쳐요.

의자에 반듯이 앉아요.

자기 전에 반드시 약을 먹어요.

POST

나는 영어를
가르쳐요.

내가 가리키는
쪽을 보세요.

가 르 치 다

가 리 키 다

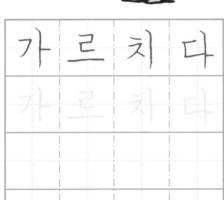

이크, 너구리랑
만나기로 했었지!

지갑이
어디로 갔지?

잊 어 버 리 다

잃 어 버 리 다

거름 걸음 쌓이다 싸이다

거름 걸음 쌓이다 싸이다

거름 걸음 쌓이다 싸이다

밭에 거름을
준다.

잠시 걸음을
멈춘다.

눈이 소복소복
쌓이다.

집이 불길에
싸이다.

달이다 다리다 같이 가치

달이다 다리다 같이 가치

달이다 다리다 같이 가치

한약을 달이다.

옷을 다리다.

나하고 같이 가자.

가치 있는 일

소리가 비슷해서 헷갈리기 쉬운 낱말을 잘 살펴보고,
바르게 쓴 다음 또박또박 읽어 보세요.

❋ 국어, 국어활동2-1 5단원

봉	오	리
봉	오	리
봉	오	리

꽃봉오리가
맺히다.

봉	우	리
봉	우	리
봉	우	리

눈이 하얗게 덮인
산봉우리

같	다
같	다
같	다

은서는 정말
호랑이 같다.

갔	다
갔	다
갔	다

놀이터에
갔다 와서

적	다
적	다
적	다

양이 적다.

작	다
작	다
작	다

키가 작다.

짖	다
짖	다
짖	다

개가 멍멍 짖다.

짓	다
짓	다
짓	다

집을 짓다.

깁 다	깊 다	닫 히 다	다 치 다

옷을 깁다.　　바다가 깊다.　　바람에 문이 닫히다.　　다리를 다치다.

낳 다	낫 다	맞 히 다	마 치 다

새끼를 낳다.　　감기가 낫다.　　정답을 맞히다.　　수업을 마치다.

소리가 비슷해서 헷갈리기 쉬운 낱말을 잘 살펴보고,
바르게 쓴 다음 또박또박 읽어 보세요.

✱ 국어, 국어활동2-1 5단원

식	혀	서

시	켜	서

맞	다

맡	다

뜨거운 국은 식혀서

누나가 시켜서

답은 3번이 맞다.

일을 맡다.

바	치	다

받	치	다

목숨을 바치다.

우산을 받치다.

작 년   여 름   방 학 에   할

머 니   댁 에   가 지   못 해 서

너 무   아 쉬 웠 어 요.   할 머 니

댁 에 서   수 박 도   먹 고   개

민수가 할머니께 보낸 편지의 글을 바르게 쓰고,
왜 이런 내용을 썼는지 자유롭게 이야기해 보세요.

✻ 국어활동2-1 45~46쪽

울에서 놀고 싶어요. 이

번 여름 방학에는 꼭

시골에 놀러 갈게요.

그럼 안녕히 계세요.

계절의 이름, 각 계절과 관계있는 낱말을 바르게 써 보세요.
그리고 각 계절에 대해 이야기해 보세요.

✱ 국어2-1 118~119쪽

spring
[spríŋ] 스프링

warm[wɔ́ːrm] 워엄

summer[sʌ́mər] 써머

hot[hát] 핫

봄		따	뜻	하	다		여	름		덥	다

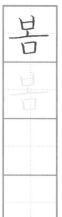

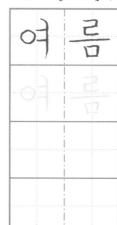

autumn[ɔ́ːtəm] 오오텀

cool[kúːl] 쿠울

winter[wíntər] 윈터

cold[kóuld] 코울드

가	을		서	늘	하	다		겨	울		춥	다

✱가을은 fall[포올]이라고도 합니다.

계절에 따라 자연이 변하는 모습을 이야기해 보고,
문장을 바르게 써 보세요.

✻ 국어2-1 118~119쪽

예쁘게 꽃이 핍니다.

산이 푸르게 변합니다.

가을 바람이 붑니다.

눈이 하얗게 쌓입니다.

시간을 나타내는 말을 잘 살펴보고, 바르게 써 보세요.
교과서에서 시간을 나타내는 말을 더 찾아보세요.

※ 국어, 국어활동2-1 6단원

이	듬	해		봄
이	듬	해		봄

그	해		가	을
그	해		가	을

저	녁	나	절
저	녁	나	절

이	틀	날		아	침
이	틀	날		아	침

옛	날	에
옛	날	에

지	난	주		수	요	일
지	난	주		수	요	일

※나절 : ①어느 무렵의 한동안. 아침~, 저녁~.
②하룻낮의 절반쯤 되는 동안. 한~, 반~.

시간을 나타내는 낱말을 바르게 쓰고,
소리 내어 읽어 보세요.

✹ 국어, 국어활동2-1 6단원

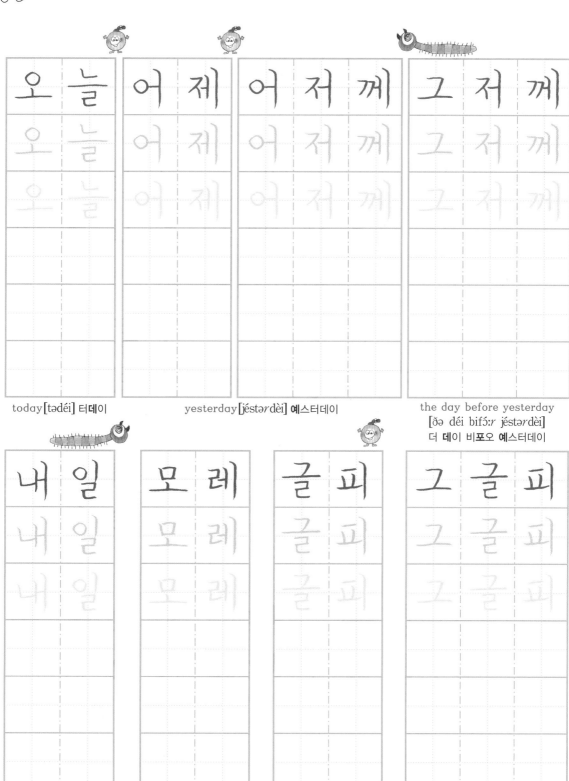

| 오 늘 | 어 제 | 어 저 께 | 그 저 께 |

today[tədéi] 터데이

yesterday[jéstərdèi] 예스터데이

the day before yesterday
[ðə déi bifɔ́:r jéstərdèi]
더 데이 비포오 예스터데이

| 내 일 | 모 레 | 글 피 | 그 글 피 |

tomorrow[təmɔ́:rou]
터모오로우

the day after tomorrow
[ðə déi ǽftər təmɔ́:rou]
더 데이 애프터 터모오로우

two days after tomorrow
[tú: déiz ǽftər təmɔ́:rou]
투우 데이즈 애프터 터모오로우

three days after tomorrow
[θrí: déiz ǽftər təmɔ́:rou]
쓰리이 데이즈 애프터 터모오로우

시간을 나타내는 말을 잘 살펴보고, 바르게 써 보세요.
교과서에서 시간을 나타내는 말을 더 찾아보세요.

✽ 국어, 국어활동2-1 6단원

아	침	점	심	저	녁	오	전	오	후
아	침	점	심	저	녁	오	전	오	후

며	칠		후
며	칠		후

잠	시		뒤
잠	시		뒤

낮
낮

지	난		주	말
지	난		주	말

한	밤	중
한	밤	중

밤
밤

시간을 나타내는 말을 잘 살펴보고, 바르게 써 보세요.
교과서에서 시간을 나타내는 말을 더 찾아보세요.

✽ 국어, 국어활동2-1 6단원

어	느		날		

밤		1	2	시	에

토	요	일	에

이	튼	날

지	난	주

점	심	때

저	녁	때

어	젯	밤

시간을 나타내는 말을 사용하여 겪은 일을 차례에 따라
쓴 글입니다. 바르게 쓰고 읽어 보세요.

✱ 국어활동 2-1 50~51쪽

오전 10시에 공원에

갔다.

오전 11시에 오빠와

함께 여러 가지 식물을

보았다.

개나리
어린이공원

점심시간에 가족과 함

께 점심을 먹었다.

오후 3시에 친구들과

놀이터에서 놀았다.

아침에 일어나서 세수

를 했다.

낮에 학교에서 책을

읽었다.

다음을 바르게 쓰고 읽어 보세요.
시간을 나타내는 말을 사용하여 겪은 일을 써 보세요.

✽ 국어활동2-1 52쪽

저녁에 심부름을 했다.

아침에 교통경찰을 보

았다.

저녁에 어머니께 칭찬

을 들었다.

동화 '신데렐라'와 '기름 장수와 호랑이'에 대해 자유롭게
이야기하고, 다음을 바르게 따라 써 보세요.

✽ 국어2-1가 121~127쪽

호	박		마	차

궁	전

준	비

지	난	겨	울

차	례

점	심	시	간

소	금	장	수

어	스	름	한

기	름

❷-1 7~11단원

다음을 바르게 쓰고 큰 소리로 읽어 보세요.
각 낱말을 자유롭게 설명해 보세요.

✱ 국어2-1나 146~151쪽

museum[mjuːzíːəm] 뮤우**지**이엄

박	물	관
박	물	관
박	물	관

slippers[slípərz] 슬**리**퍼즈

실	내	화
실	내	화
실	내	화

car[káːr] 카아

자	동	차
자	동	차
자	동	차

teddy bear[tédi bɛ̀ər] 테디 베어

곰		인	형
곰		인	형
곰		인	형

pencil sharpener
[pénsəl ʃàːpnər] 펜설 샤아프너

연	필	깎	이
연	필	깎	이
연	필	깎	이

object[ábdʒikt] 아브직트

물	건
물	건
물	건

다음을 바르게 쓰고 큰 소리로 읽어 보세요.
각 낱말을 자유롭게 설명해 보세요.

✱ 국어2-1나 146~151쪽

신기한 마술의 세계!

hat[hǽt] 햇

pencil case
[pénsəl kèis] 펜설 케이스

box[báks]
박스

amazing[əméiziŋ] 어메이징

모	자
모	자
모	자

필	통
필	통
필	통

상	자
상	자
상	자

신	기	한
신	기	한
신	기	한

little brother(sister)
[lítl brʌ́dər(sìstər)] 리틀 브러더(씨스터)

class[klǽs] 클래스

duck[dʌ́k] 덕

교	실
교	실
교	실

오	리
오	리
오	리

사	촌		동	생
사	촌		동	생
사	촌		동	생

여러 가지 탈것의 이름을 바르게 써 보세요.
그리고 큰 소리로 읽어 보세요.

motorcycle[móutərsàikl] 모우터사이클

car [káːr] 카아

bicycle [báisikl] 바이시클

오	토	바	이
오	토	바	이
오	토	바	이

자	동	차
자	동	차
자	동	차

자	전	거
자	전	거
자	전	거

bus [bʌs] 버스

taxi [tǽksi] 택시

truck [trʌ́k] 트럭

subway [sʌ́bwèi] 서브웨이

버	스
버	스
버	스

택	시
택	시
택	시

트	럭
트	럭
트	럭

지	하	철
지	하	철
지	하	철

92 글씨체 바로잡기와 받아쓰기

여러 가지 탈것의 이름을 바르게 써 보세요.
그리고 큰 소리로 읽어 보세요.

✿ 국어, 국어활동2-1 전권

airplane [ɛ́ərplèin] 에어플레인

train [tréin] 트레인

ambulance [ǽmbjuləns] 앰뷸런스

ship [ʃíp] 쉽

비	행	기

기	차

구	급	차

배

helicopter [héləkàptər] 헬러캅터

fire engine
[fáiər èndʒən] 파이어 엔전

spaceship [spéisʃìp] 스페이스쉽

헬	리	콥	터

소	방	차

우	주	선

다음을 바르게 쓰고 큰 소리로 읽어 보세요.
받침이 뒷말 첫소리가 되는 것을 찾아보세요.

집으로

★지브로

떨어진

★떠러진

입에

★이베

강물에

★강무레

국어

★구거

어린이

★어리니

구름이

★구르미

구름은

★구르믄

구름에

★구르메

94 글씨체 바로잡기와 받아쓰기

다음을 바르게 쓰고 큰 소리로 읽어 보세요.
반침이 뒷말 첫소리가 되는 것을 찾아보세요.

✽ 국어2-1나 163쪽

할 아 버 지 　 생 일 은 　 물 건 을

★하라버지　　★생이른　　★물거늘

길 을 　 목 요 일 　 부 모 님 의

★기를　　★모교일　　★부모니믜

마 음 이 　 공 원 에

★마으미　　★공워네

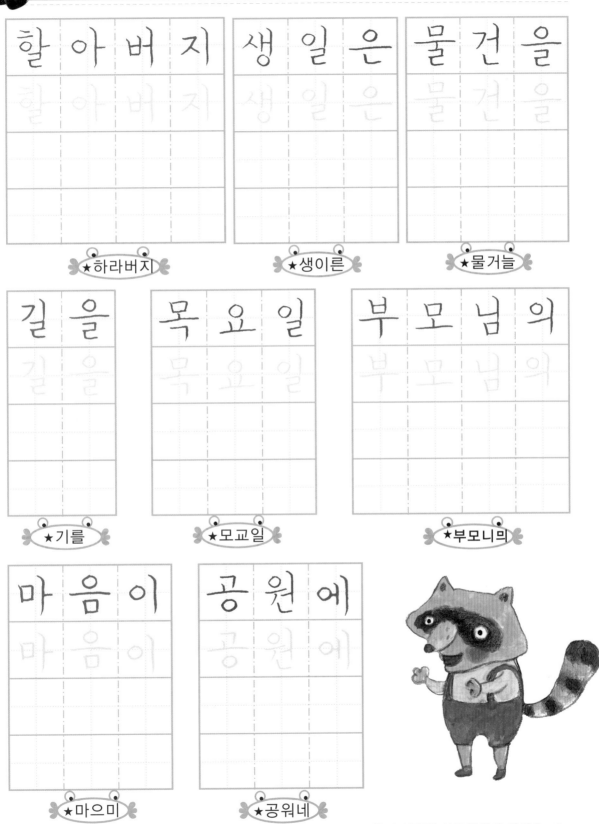

나는 둥글고 노란색입

니다. 가벼워서 사람들이

줄로 묶어 다닙니다. 아

이들이 좋아합니다.

나는 회색입니다. 둥근

입을 가지고 있습니다.

사람들이 공원을 깨끗하

게 이용할 수 있도록

쓰레기를 모읍니다.

다음을 바르게 쓰고 큰 소리로 읽어 보세요.
받침이 뒷말 첫소리가 되는 낱말을 찾아보세요.

※ 국어활동2-1 57쪽

가 방	시 계	운 동	오 이	목 욕

★가방 　★시계 　★운동 　★오이 　★모곡

문 어	낙 엽	한 우	음 악	가 족

★무너 　★나겹 　★하누 　★으막 　★가족

수 요 일	신 발	선 물	소 리

★수요일 　★신발 　★선물 　★소리

다음을 바르게 쓰고 큰 소리로 읽어 보세요.
받침이 뒷말 첫소리가 되는 것을 찾아보세요.

✷ 국어활동2-1 58쪽

가	족
가	족

함	께
함	께

동	물	원
동	물	원

목	이
목	이

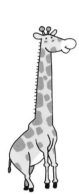

기	린	을
기	린	을

한	참
한	참

길	어	지	는
길	어	지	는

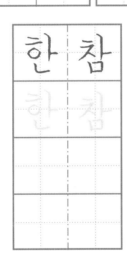

졸	음	을
졸	음	을

호	랑	이	를
호	랑	이	를

웃	음	이
웃	음	이

날짜와 요일과 관계있는 낱말을 바르게 써 보세요.
그리고 달력을 잘 살펴보세요.

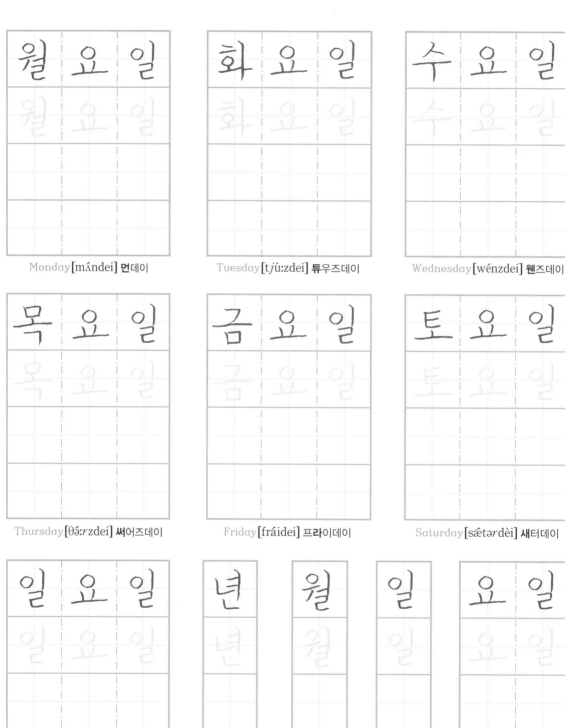

월 요 일	화 요 일	수 요 일
Monday[mʌ́ndei] 먼데이	Tuesday[tjúːzdei] 튜우즈데이	Wednesday[wénzdei] 웬즈데이

목 요 일	금 요 일	토 요 일
Thursday[θə́ːrzdei] 써어즈데이	Friday[fráidei] 프라이데이	Saturday[sǽtərdèi] 새터데이

일 요 일	년	월	일	요 일
Sunday[sʌ́ndei] 선데이	year[jíər] 이어	month[mʌ́nθ] 먼쓰	day[déi] 데이	week[wíːk] 위이크

날씨를 나타내는 말을 바르게 써 보세요.
여러분도 재미있게 만들어 보세요.

채소가　자라기　좋은

날씨

저녁　비가　주르륵

바람이　시원한　날

수 업

상 추

우 유 갑

채 소

뒤 뜰

포 기

막 대

옹 기 종 기

조 금 씩

날 씨

건 강 하 게

'학교 텃밭에서 생긴 일'과 '자전거 타기 성공'에
나오는 낱말을 바르게 써 보세요.

✻ 국어2-1나 174~181쪽

두	발	자	전	거

축	구	공

학	교

기	분

하	늘

미	소

놀	이	터

기	운	차	게

씽	긋

저	녁	때

벌이 무서워

친구들이랑 쉬는 시간

에 우리 반 복도에서

벌을 보았다. 엄지손가락

다음을 바르게 쓰고 큰 소리로 읽어 보세요.
글쓴이의 마음에 대해 이야기해 보세요.

✱ 국어활동2-1 60~61쪽

만 한 벌 한 마리가

창문 위에서 앵앵거리고

있었다. 나는 화장실에

가려고 했는데 벌 때문

에 못 갔다. 그런데 용

감한 친구들이 화장실에

가서 나도 따라갔다. 어

휴, 정말 무서웠다.

빗	방	울
빗	방	울
빗	방	울

나	뭇	잎
나	뭇	잎
나	뭇	잎

바	닷	물
바	닷	물
바	닷	물

냇	가
냇	가
냇	가

연	둣	빛
연	둣	빛
연	둣	빛

수	돗	물
수	돗	물
수	돗	물

빨	랫	줄
빨	랫	줄
빨	랫	줄

햇	볕
햇	볕
햇	볕

찻	잔
찻	잔
찻	잔

나	뭇	가	지
나	뭇	가	지
나	뭇	가	지

두 말을 합하여 만든 낱말에서,
앞말이 모음자로 끝날 때에 앞말
에 ㅅ을 받쳐 적는 것들이 있는데
이때의 ㅅ을 '사이시옷'이라고 한
다. 뒷말의 첫소리가 된소리로 나
거나, 뒷말의 첫소리가 ㄴ, ㅁ, 또
는 모음일 때 ㄴ이나 ㄴㄴ 소리
가 덧날 때 '사이시옷'을 붙인다.

다음을 바르게 쓰고, 실감 나게 읽어 보세요.
그리고 꾸며 주는 말을 찾아보세요.

✽ 국어2-1나 190~195쪽

오늘은 비가 주룩주룩

내렸다.

나는 노란 장화를 신

고 학교에 갔다.

나도 노란 장화로 바꿀까?

굵은 빗방울이 후드득

떨어졌다.

튼튼한 거북선이 바다

에 나간다.

동그란 수박이 있다.

친구들이 커다란 그물

로 물고기를 즐겁게 잡

는다.

느낌을 나타내는 말을 바르게 쓰고,
각각 어떤 느낌을 나타낸 말인지 이야기해 보세요.

✱ 국어활동2-1 기쪽

보	드	레	하	다

찐	득	찐	득

만	질	만	질

부	들	부	들

잘	바	닥	잘	바	닥	하	다

다음을 바르게 쓰고, 서로 가장 잘 어울리는 말끼리 선으로 이어 보세요.

✽ 국어활동2-1 66~68쪽

불	꽃
불	꽃

주	렁	주	렁
주	렁	주	렁

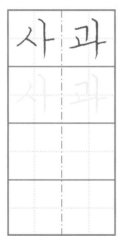

사	과
사	과

엉	금	엉	금
엉	금	엉	금

거	북
거	북

반	짝	반	짝
반	짝	반	짝

다음을 바르게 쓰고, 서로 가장 잘 어울리는 말끼리
선으로 이어 보세요.

✿ 국어활동2-1 66~68쪽

개구리

개구리

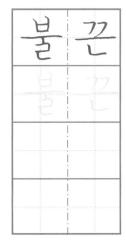

불끈

불끈

주먹

주먹

철썩철썩

파도

파도

폴짝폴짝

폴짝폴짝

예쁜 나비가 훨훨 날

아갑니다.

커다란 공이 데굴데굴

굴러갑니다.

푸른 나무가 무럭무럭

자랍니다.

작은 참새가 짹짹 노

래합니다.

노란 은행잎

노란 은행잎

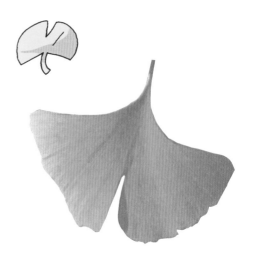

빨간 단풍잎

빨간 단풍잎

푸른 솔잎

푸른 솔잎

'선생님, 바보 의사 선생님'에 나오는 다음 구절을
바르게 쓰고, 꾸며 주는 말을 찾아보세요.

✱ 국어2-1나 206~213쪽

하얗고 작은 집

하얗고 작은 집

가난하고 병든 사람

가난하고 병든 사람

커다랗고 따뜻한 손

커다랗고 따뜻한 손

깜깜한 밤 엉뚱한 소리

깜깜한 밤 엉뚱한 소리

눈부신　해야,　낮　동안

온　세상을　비추느라　힘

들었지?　네　덕분에　식

물이　잘　자랄　수　있어.

해와 달의 대화를 큰 소리로 읽고 바르게 써 보세요.
그리고 둘의 기분이 어떨지 이야기해 보세요.

✲ 국어 2-1나 216~217쪽

고마워, 달아. 어두운
고마워, 달아. 어두운

밤 동안 은은하게 비추
밤 동안 은은하게 비추

는 네 덕분에 사람들이
는 네 덕분에 사람들이

밤길을 다닐 수 있어.
밤길을 다닐 수 있어.

다른 사람을 기분 좋게 하는 다음 말을
바르게 쓰고 큰 소리로 읽어 보세요.

✱ 국어활동2-1 74~75쪽

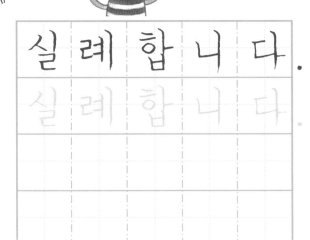

고 마 워 요 .

실 례 합 니 다 .

부 탁 해 요 .

미 안 합 니 다 .

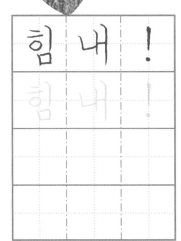

괜 찮 아 .

힘 내 !

사 랑 해 .

다른 사람을 기분 좋게 하는 다음 말을
바르게 쓰고 큰 소리로 읽어 보세요.

✱ 국어활동2-1 74~75쪽

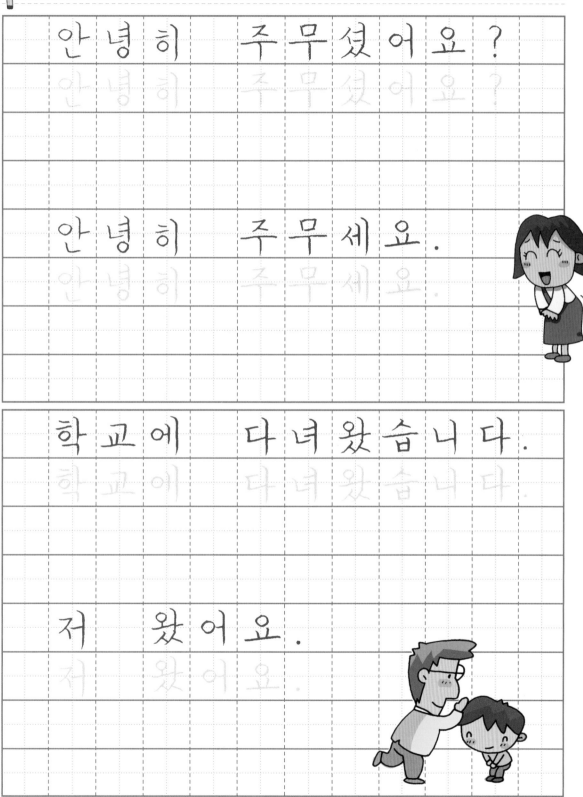

안녕히 주무셨어요?

안녕히 주무세요.

학교에 다녀왔습니다.

저 왔어요.

나의 다짐

나는 줄넘기를 잘 못

하는 친구에게 기분 나

쁜 말을 한 적이 있습

니다. 다음부터는 친구에

게 "잘할 수 있어. 힘

내!"라고 고운 말을

쓰겠습니다.

너, 매일
일기 쓰니?

그럼,
매일 쓰지.

운 동 장	고 깔	흙	용 기	금 방

짝	부 딪 치 다	실 수	공 놀 이

금 요 일	햇 볕	결 승 선	박 수

넘어지면
아프겠지?

눈물이
나올 만큼.

| 팬 | 찮 | 다 | 고 | 넘 | 어 | 지 | 고 | 빨 | 리 |

| 미 | 안 | 해 | 정 | 말 | 진 | 심 | 경 | 기 |

| 사 | 과 | 차 | 례 | 울 | 음 | 아 | 프 | 다 |

세계 여러 나라의 이름을 바르게 쓰고 읽어 보세요.
각 나라에 대해 자유롭게 이야기해 보세요.

✱ 국어, 국어활동2-1 전권

Korea [kərí:ə] 커리이어

Mexico [méksəkòu] 멕서코우

Greece [grí:s] 그리이스

대	한	민	국
대	한	민	국
대	한	민	국

멕	시	코
멕	시	코
멕	시	코

그	리	스
그	리	스
그	리	스

Japan [dʒəpǽn] 저팬

China [tʃáinə] 차이너

India [índiə] 인디어

Philippines [fíləpì:nz] 필러피인즈

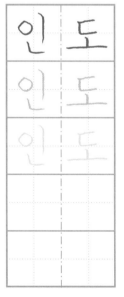

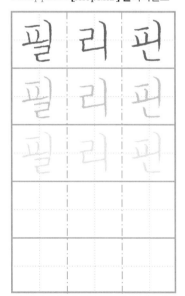

일	본
일	본
일	본

중	국
중	국
중	국

인	도
인	도
인	도

필	리	핀
필	리	핀
필	리	핀

세계 여러 나라의 이름을 바르게 쓰고 읽어 보세요.
각 나라에 대해 자유롭게 이야기해 보세요.

✱ 국어, 국어활동2-1 전권

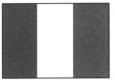   

France [frǽns] 프랜스   America [əmérikə] 어메리커   England [íŋglənd] 잉글런드   Germany [dʒə́ːrməni] 저어머니

Italy [ítəli] 이털리   Russia [rʎʃə] 러셔   Canada [kǽnədə] 캐너더

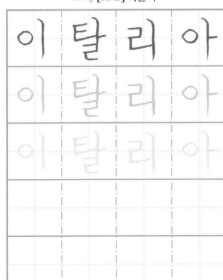

✱ 미국의 정식 이름은 United States of America,
영국의 정식 이름은 United Kingdom입니다.

높이 높이 쌓아야 할

하루하루 날이 갈수록

옹기종기 모여 수박을

큰 솥을 가득 채운 딸기

11단원에 나오는 다음 낱말을 큰 소리로 읽어 보세요.
그리고 쓰는 순서에 맞게 바르게 써 보세요.

※ 국어, 국어활동2-1 11단원

| 두 꺼 비 | 콩 쥐 | 팥 쥐 | 원 님 |

| 농 사 꾼 | 괭 이 | 독 | 어 느 새 |

| 사 다 리 | 과 일 가 게 | 창 밖 |

초인종	치과	달콤한	꼬마

깨끗이	몸집	얼룩다람쥐

두더지	동물	여우	생쥐

병 원	두 루 뭉 수 리	잠 꼬 대

갑 자 기	도 르 래	구 멍	간 판

대 롱 대 롱	얼 굴	부 인	소 금

"제발 도와주세요!

이가 너무 아파요!"

여우가 말했어요.

"참 딱한 여우로군.

여보, 어떻게 하면 좋

겠소?"

"위험하지만 한번 해

봐요, 우리."

여러 가지 직업의 이름을 바르게 쓰고,
여러분의 꿈에 대해 자유롭게 이야기해 보세요.

의 사	어 부	요 리 사	농 부
의 사	어 부	요 리 사	농 부
의 사	어 부	요 리 사	농 부

경 찰 관	선 생 님	과 학 자
경 찰 관	선 생 님	과 학 자
경 찰 관	선 생 님	과 학 자

방울토마토
방울토마토

공기놀이
공기놀이

나이테
나이테

나팔꽃
나팔꽃

가족회의
가족회의

마음속
마음속

색연필
색연필

놀이 기구의 이름을 바르게 써 보세요.
그리고 알맞은 사진에 선으로 이어 주세요.

정글짐
정글짐

그네
그네

시소
시소

미끄럼틀
미끄럼틀

구름사다리
구름사다리

철봉
철봉

30

7

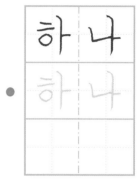

40

6

60

I

20

8

낱말을 쓰고, 서로 가장 어울리는 말끼리 선으로 이으세요.
두 낱말을 이용하여 짧은 문장을 만들어 보세요.

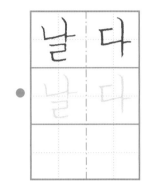

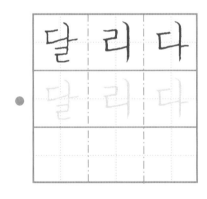

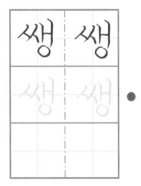

두	꺼	비
두	꺼	비

다	람	쥐
다	람	쥐

고	양	이
고	양	이

독	수	리
독	수	리

고	라	니
고	라	니

오	소	리
오	소	리

얼	룩	말
얼	룩	말

종	달	새
종	달	새

호	랑	이
호	랑	이

 다음 낱말을 바르게 쓰고, 둘 중에서 그림에 어울리는
낱말은 어느 쪽인지 말해 보세요.

다 리 다

달 이 다

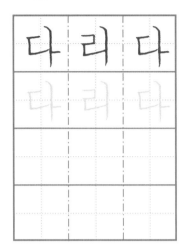

바 치 다

받 치 다

짖 다

짓 다

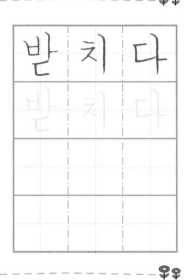

정답 : 다리다 / 받치다 / 짖다 *

낮 동안 온 세상을

비추느라 힘들었지?

어두운 밤 동안 은은

하게 비추는 네 덕분에

길게 강물처럼 퍼
져 있는 별 무리.
은하수 ●

볼 가 심
볼 가 심

아주 적은 음식
으로 배고픔을 ●
면하는 일

미 리 내
미 리 내

펌프에서 물이 잘 안 나
올 때 물을 끌어올리기 ●
위하여 위에서 붓는 물

해 거 름
해 거 름

해가 서쪽으로 넘
어갈 무렵. 해넘 ●
이깨

마 중 물
마 중 물

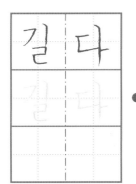

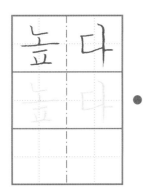

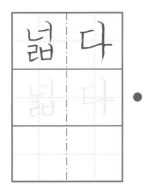

낮 다

* 정답 : 길다↔짧다 / 높다↔낮다
/ 넓다↔좁다 / 크다↔작다

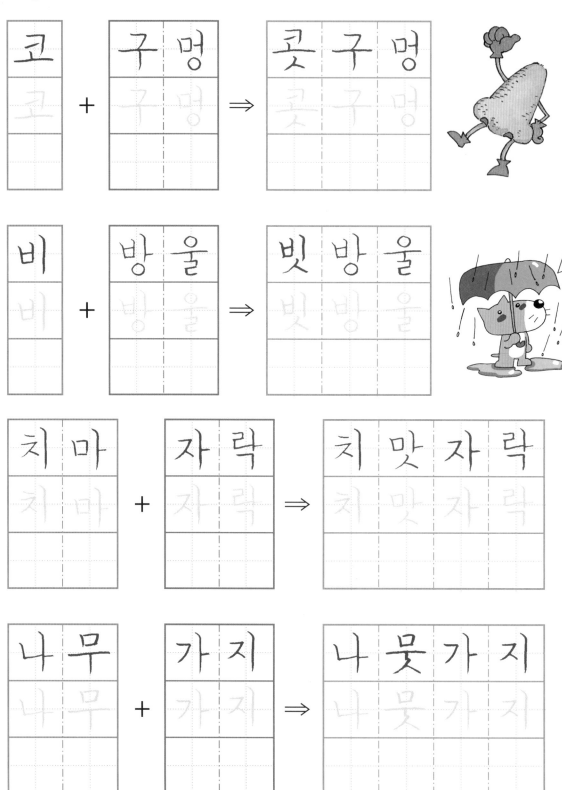

코 + 구멍 ⇒ 콧구멍

비 + 방울 ⇒ 빗방울

치마 + 자락 ⇒ 치맛자락

나무 + 가지 ⇒ 나뭇가지

＊이 책 107쪽을 다시 한 번 살펴보세요.

단원별 받아쓰기 급수표

- 어린이가 틀리기 쉬운 낱말 · 구절 · 문장을 단원별로 정리하고,
  띄어써야 할 곳을 ∨로 표시하였습니다.
- 부모님이나 선생님께서 또박또박 불러 주시고,
  어린이가 공책이나 별지에 받아쓰게 하세요.
- 띄어쓰기에도 주의하게 합니다.
- 받아쓰기를 마친 다음에는 반드시 체크하고, 틀린 곳은 정확히 익힐
  수 있도록 이끌어 주세요.

단원별 받아쓰기 급수표

1단원 1step

① 우리∨아기는
② 부뚜막에서∨가릉가릉
③ 아기∨바람이
④ 나뭇가지에서∨소올소올
⑤ 아저씨∨해님이
⑥ 하늘∨한가운데서
⑦ 발치에서∨코올코올
⑧ 두∨걸음∨가다가
⑨ 또∨돌아보고
⑩ 왜∨안∨부르지?

 단원별 받아쓰기 급수표

1단원 2step

① 풀밭을∨걸을∨땐
② 발끝으로∨걸어도
③ 풀꽃에게∨미안해
④ 내∨발이
⑤ 아기∨새∨발이면
⑥ 으르렁∨드르렁
⑦ 아버지∨콧속에서
⑧ 생쥐처럼∨살금살금
⑨ 사자∨한∨마리
⑩ 울부짖고∨있다.

 단원별 받아쓰기 급수표

1단원 3step

① 눈물이∨먼저
② 이를∨빼야∨하는데
③ 딱지∨따먹기
④ 가슴이∨조마조마한다.
⑤ 동생에게∨다가가
⑥ 콧구멍에∨간질간질
⑦ 머리카락∨보일라
⑧ 앉아서도∨보이고
⑨ 달콤하고∨조금∨매콤하고
⑩ 단짝끼리∨오순도순

 단원별 받아쓰기 급수표

2단원 4step

① 아주∨무서운∨날
② 온몸이∨화끈화끈.
③ 눈사람처럼∨새하얘졌어요.
④ 그동안∨발표∨준비를
⑤ 무슨∨말을∨한지도
⑥ 자신의∨꿈에∨대해
⑦ 평화롭던∨동물∨마을에
⑧ 쌩쌩∨달리는∨자동차
⑨ 무리하게∨길을∨건너려다가
⑩ 찻길을∨건널∨수가

2단원 5step 단원별 받아쓰기 급수표

① 고라니가 ∨ 한숨을 ∨ 푹 ∨ 쉬며
② 들고양이도 ∨ 훌쩍이며 ∨ 말했어요.
③ 헤어진 ∨ 가족을
④ 부럽다는 ∨ 눈초리로
⑤ 머리를 ∨ 휘휘 ∨ 저으며
⑥ 위험할 ∨ 뻔했다고.
⑦ 어떻게 ∨ 하면 ∨ 안전하게
⑧ 훨훨 ∨ 날아서
⑨ 우리도 ∨ 안전하지 ∨ 않아.
⑩ 차가 ∨ 일으키는 ∨ 바람에

2단원 6step 단원별 받아쓰기 급수표

① 듣는 ∨ 사람을 ∨ 바라보며
② 어디로 ∨ 여행을 ∨ 가는 ∨ 게
③ 불을 ∨ 끄는 ∨ 소방관이
④ 가위바위보를 ∨ 해서
⑤ 널뛰기를 ∨ 한다고
⑥ 주사위를 ∨ 던질 ∨ 사람은
⑦ 귀여운 ∨ 동생이
⑧ 놀이공원에 ∨ 가고 ∨ 싶어요.
⑨ 자연스러운 ∨ 자세
⑩ 손을 ∨ 가볍게 ∨ 들고

3단원 7step 단원별 받아쓰기 급수표

① 땅에 ∨ 떨어뜨렸을 ∨ 때
② 옷의 ∨ 단추를 ∨ 혼자 ∨ 채워서
③ 월요일마다
④ 질투가 ∨ 날지도 ∨ 몰라.
⑤ 상을 ∨ 타 ∨ 온
⑥ 길을 ∨ 잃어버렸을 ∨ 때처럼
⑦ 자랑스러운 ∨ 기분
⑧ 홈런을 ∨ 쳤을 ∨ 때처럼
⑨ 방울토마토 ∨ 이름을
⑩ 집에 ∨ 오자마자

3단원 8step 단원별 받아쓰기 급수표

① 반나절 ∨ 사이에
② 하루 ∨ 종일 ∨ 매달려 ∨ 있느라
③ 봄바람이 ∨ 살랑살랑 ∨ 불어오니
④ 이런저런 ∨ 얘기를 ∨ 하니까
⑤ 비밀을 ∨ 털어놓을 ∨ 수 ∨ 있는
⑥ 즐겁게 ∨ 잘 ∨ 놀고 ∨ 있다고
⑦ 베란다로 ∨ 달려갔어요.
⑧ 별로 ∨ 관심이 ∨ 없나 ∨ 봐요.
⑨ 아빠는 ∨ 껄껄껄 ∨ 웃으며
⑩ 이렇게 ∨ 해서 ∨ 만장일치로

4단원 9step 단원별 받아쓰기 급수표

① 들에 ∨ 가면 ∨ 들나물
② 쑥쑥 ∨ 뽑아 ∨ 쑥 ∨ 나물
③ 새봄이라 ∨ 봄 ∨ 냉이
④ 살살 ∨ 달래라 ∨ 달래
⑤ 사과는 ∨ 빨개
⑥ 딸기는 ∨ 작아
⑦ 포근하면 ∨ 봄
⑧ 높다 ∨ 높다 ∨ 미끄럼틀이 ∨ 높다
⑨ 하나는 ∨ 뭐니?
⑩ 토끼풀잎 ∨ 셋

4단원 10step 단원별 받아쓰기 급수표

① 밥상 ∨ 다리 ∨ 넷
② 동물원에 ∨ 가면
③ 대나무는 ∨ 흔들흔들
④ 곰 ∨ 인형의 ∨ 손가락
⑤ 빨강은 ∨ 뭐니?
⑥ 고슬고슬 ∨ 팥 ∨ 시루떡
⑦ 꽃집에 ∨ 가면
⑧ 마중물이 ∨ 있어야
⑨ 미리내는 ∨ 정말 ∨ 아름답다.
⑩ 해거름 ∨ 안에는

5단원 11step 단원별 받아쓰기 급수표

① 바람에 ∨ 문이 ∨ 닫히고
② 약속은 ∨ 반드시 ∨ 지켜야 ∨ 해.
③ 의자에 ∨ 반듯이 ∨ 앉아
④ 뜨거운 ∨ 국은 ∨ 식혀서 ∨ 먹어야
⑤ 그늘까지 ∨ 몇 ∨ 걸음인지
⑥ 학교를 ∨ 마치고
⑦ 정말 ∨ 호랑이 ∨ 같다.
⑧ 이야기 ∨ 나라에 ∨ 갔다 ∨ 온
⑨ 오누이는 ∨ 다치지 ∨ 않고
⑩ 박수를 ∨ 치며 ∨ 좋아했다.

5단원 12step 단원별 받아쓰기 급수표

① 빙그레 ∨ 웃으시더니
② 답은 ∨ 3번이 ∨ 맞습니다.
③ 우산을 ∨ 받칩니다.
④ 옆에 ∨ 있다 ∨ 없으니
⑤ 이따가 ∨ 쉬는 ∨ 시간에 ∨ 보자.
⑥ 달팽이의 ∨ 걸음이 ∨ 느리다.
⑦ 고무줄을 ∨ 길게 ∨ 늘이다.
⑧ 네가 ∨ 전학을 ∨ 와서
⑨ 작년 ∨ 여름 ∨ 방학에
⑩ 우리, ∨ 사이좋게 ∨ 지내자.

5단원 13step 단원별 받아쓰기 급수표

①지난번에∨영양∨선생님께서
②반찬을∨잘∨먹는다고
③급식을∨먹는∨게
④정말∨고맙습니다.
⑤진짜∨호랑이가∨된∨것처럼
⑥칭찬∨딱지를∨붙여∨주셨다.
⑦실감∨나게∨잘∨읽을∨수
⑧1교시∨국어∨시간이었다.
⑨동아줄을∨내려∨주세요.
⑩놀이터에∨도착해서

6단원 14step 단원별 받아쓰기 급수표

①신데렐라는∨호박∨마치를∨타고
②밤∨열두∨시가∨되자
③차례를∨나타내는∨말
④기름∨장수와∨호랑이
⑤이튿날∨아침
⑥어스름한∨저녁에
⑦호랑이∨배∨속에서
⑧까만∨아기∨양
⑨나의∨미래∨일기
⑩양치기∨할아버지

6단원 15step 단원별 받아쓰기 급수표

①잠시∨뒤
②점심때
③식물∨살펴보기
④가족과∨점심∨먹기
⑤공원에∨도착
⑥심부름을∨했다.
⑦낮에∨동화책을∨읽었다.
⑧저녁에∨어머니께∨칭찬을∨들었다.
⑨아침에∨일어나서∨세수를∨했다.
⑩여러∨가지∨식물을∨보았다.

7단원 16step 단원별 받아쓰기 급수표

①등굣길에∨모자를∨잃어버렸어.
②새로∨산∨필통을
③오리가∨그려져∨있어.
④내가∨좋아하는∨거야.
⑤처음∨보는∨물건이
⑥이∨곰∨인형∨예쁘지?
⑦내∨실내화가∨없어.
⑧이거∨연필깎이야.
⑨친구가∨잘∨모르는∨물건
⑩새로∨알게∨된

7단원 17step 단원별 받아쓰기 급수표

①요즘과∨다른∨물건
②모양이나∨사용∨방법이
③옛날∨집∨안의∨모습
④화면은∨평평하지∨않고
⑤볼록하게∨튀어나와
⑥동그란∨모양의∨장치를
⑦투명한∨자처럼∨생긴
⑧빨간∨선을∨움직이면
⑨가운데∨부분이
⑩크기뿐만∨아니라

7단원 18step 단원별 받아쓰기 급수표

①손가락으로∨돌릴∨수∨있는
②위쪽이∨좁은
③구름이∨없는∨화창한∨날
④욕심∨많은∨개가
⑤입에∨물고∨있던∨고기가
⑥통나무∨다리를∨건너다가
⑦길에∨떨어진∨고깃덩이
⑧개는∨강가에∨다다랐어요.
⑨빼앗아야겠다는∨생각을
⑩크게∨짖었어요.

7단원 19step 단원별 받아쓰기 급수표

①큰∨고기를∨물고∨있는∨개
②신나게∨걸어가고∨있었어요.
③집으로∨가는∨길에
④강물에∨풍덩∨빠지고∨말았어요.
⑤수영할∨때∨필요한
⑥전화를∨걸∨때∨사용합니다.
⑦나는∨둥글고∨노란색입니다.
⑧하늘로∨둥둥∨뜨기∨때문에
⑨색깔은∨파란색입니다.
⑩쓰레기를∨모읍니다.

7단원 20step 단원별 받아쓰기 급수표

①달콤하고∨차갑기∨때문에
②여름에∨더울∨때
③사람들의∨머리를∨보호하거나
④깨끗하게∨이용할∨수∨있도록
⑤줄로∨묶어∨다닙니다.
⑥목이∨긴∨기린을
⑦졸음을∨참고∨있는∨호랑이
⑧길어지는∨것∨같다.
⑨가족과∨함께∨공원에∨갔다.
⑩기린을∨한참∨올려다보니

8단원 21step 단원별 받아쓰기 급수표

①학교에서 ∨ 달리기를 ∨ 했다.
②내 ∨ 발에 ∨ 꼭 ∨ 붙어 ∨ 있어라.
③나만 ∨ 신발이 ∨ 벗겨진 ∨ 것이다.
④채소가 ∨ 자라기 ∨ 좋은 ∨ 날씨
⑤발에 ∨ 밟히는 ∨ 걸 ∨ 보니
⑥멋쩍게 ∨ 웃었다.
⑦옆에서 ∨ 조금씩 ∨ 거들었다.
⑧건강하게 ∨ 잘 ∨ 자랐으면
⑨우유갑에 ∨ 물을 ∨ 더 ∨ 떠다가
⑩축구공을 ∨ 꺼내 ∨ 왔다.

8단원 22step 단원별 받아쓰기 급수표

①엄지손가락만 ∨ 한 ∨ 벌
②창문 ∨ 위에서 ∨ 앵앵거리고
③어휴, ∨ 정말 ∨ 무서웠다.
④우리 ∨ 반 ∨ 복도에서
⑤저녁 ∨ 비가 ∨ 주르륵
⑥귀 ∨ 기울여 ∨ 들어 ∨ 보세요.
⑦수도꼭지에서 ∨ 떨어지는 ∨ 물방울
⑧이를 ∨ 닦을 ∨ 때나
⑨물 ∨ 도둑을 ∨ 잡는 ∨ 지킴이
⑩몸을 ∨ 깨끗이 ∨ 씻은 ∨ 다음에

9단원 23step 단원별 받아쓰기 급수표

①하늘에서 ∨ 반짝반짝 ∨ 빛나.
②굵은 ∨ 빗방울이 ∨ 후드득 ∨ 떨어졌다.
③튼튼한 ∨ 거북선이 ∨ 바다에 ∨ 나간다.
④구름이 ∨ 둥실둥실 ∨ 떠 ∨ 있다.
⑤커다란 ∨ 수박이 ∨ 있다.
⑥즐겁게 ∨ 물고기를 ∨ 잡는다.
⑦숲속의 ∨ 멋쟁이 ∨ 곤충
⑧뿔처럼 ∨ 생긴 ∨ 멋진 ∨ 큰턱
⑨수컷 ∨ 사슴벌레의 ∨ 생김새
⑩단단한 ∨ 껍데기 ∨ 속에는

9단원 24step 단원별 받아쓰기 급수표

①나뭇진을 ∨ 핥아 ∨ 먹어요.
②상대를 ∨ 꽉 ∨ 잡고 ∨ 번쩍 ∨ 들어올리면
③사과가 ∨ 주렁주렁 ∨ 열렸습니다.
④거북이 ∨ 엉금엉금 ∨ 기어갑니다.
⑤김이 ∨ 모락모락 ∨ 납니다.
⑥주먹을 ∨ 불끈 ∨ 쥡니다.
⑦시원한 ∨ 물을 ∨ 마셨더니
⑧잘바닥잘바닥하다
⑨송진이 ∨ 찐득찐득하다.
⑩동생의 ∨ 피부는 ∨ 만질만질하다.

10단원 25step 단원별 받아쓰기 급수표

①낮∨동안∨내내
②너무∨눈이∨부셔서
③어두운∨밤∨동안
④고마워,∨달아.
⑤온∨세상을∨비추느라
⑥넌∨할∨수∨있어.
⑦운동장에서∨경기를∨했다.
⑧공에∨걸려∨넘어지고∨말았다.
⑨먼저∨사과하기를∨잘했다는
⑩내∨쪽으로∨굴러와

10단원 26step 단원별 받아쓰기 급수표

①나에게∨미안해하는∨것이
②내∨손을∨잡고
③나는∨흙을∨털고∨일어나
④함께∨결승선으로∨들어왔다.
⑤천∨냥∨빚도∨갚는다.
⑥다른∨사람의∨마음을∨상하게
⑦친구네∨집에∨갔다∨왔을∨때
⑧기쁘게도∨하고∨아프게도∨하는
⑨고운∨말만∨쓰도록∨노력해∨봐.
⑩집에∨와서∨불쑥

11단원 27step 단원별 받아쓰기 급수표

①두꺼비가∨콩쥐를∨도와주었을∨때
②괭이를∨신기한∨독에∨넣자
③아무∨말도∨못∨하고
④까치발을∨하고∨고개를∨독∨안으로
⑤딸기를∨사∨모으기∨시작했습니다.
⑥높이높이∨쌓아야∨할∨정도가
⑦동네∨과일∨가게에는
⑧딸기만∨먹다가∨배탈이∨났습니다.
⑨무슨∨일인지∨궁금해서
⑩창문을∨쾅∨닫았습니다.

11단원 28step 단원별 받아쓰기 급수표

①후다닥∨뛰어가∨버렸습니다.
②부랴부랴∨자리에서∨일어나
③아저씨∨얼굴은∨왜∨빨개졌을까요?
④이∨고치는∨솜씨가∨아주∨좋았어요.
⑤아무리∨겁∨많아∨보이는∨고양이라도
⑥여우는∨곧∨꿈나라로∨빠져들었어요.
⑦얼른∨사다리를∨타고∨올라가
⑧정확하게∨열한∨시에
⑨커다란∨병을∨들어올리며
⑩계단을∨비틀비틀∨내려갔어요.